우리를 먹여 살리는 세계

친환경으로 농사짓는 봄 여름 가을 겨울

우리를 먹여 살리는 세계
친환경으로 농사짓는 봄 여름 가을 겨울

1판 1쇄	2024년 3월 25일
글쓴이	낸시 캐스탈도
그린이	지니 수
옮긴이	김래경
펴낸이	조재은
편집	이혜숙
디자인	서옥
관리	조미래
펴낸곳	(주)양철북출판사
등록	2001년 11월 21일 제25100-2002-380호
주소	서울시 영등포구 양산로91 리드원센터 1303호
전화	02-335-6407
팩스	0505-335-6408
전자우편	tindrum@tindrum.co.kr
ISBN	978-89-6372-427-0 (73330)
값	18,000원

어린이제품 안전특별법에 의한 기타표시사항

제품명: 아동 도서   제조자명: (주)양철북출판사
제조국명: 대한민국   사용연령: 8세 이상

The world that feeds us

First published in 2020 by words&pictures,
an imprint of The Quarto Group
©2020 Quarto Publishing plc
Text copyright©Nancy Castaldo 2020
Illustrations copyright©Ginnie Hsu 2020
Korean translation copyright©
Tindrum Publishing, Ltd. 2024
All rights reserved.

This edition is published by arrangement with
Quarto Publishing plc through KidsMind Agency,
Korea.

이 책의 한국어판 저작권은 키즈마인드 에이전시를 통해
Quarto Publishing plc와 독점계약한
㈜양철북출판사에 있습니다. 저작권법에 의하여
한국 내에서 보호를 받는 저작물이므로 무단 전재와
복제를 금합니다.

차례

지속가능한 농업 4
친환경 농업 6

봄 8
토종 품종 10
놓아 기르기 12
봄철 홍수 14
도시 농장 16
봄철 땅 관리 18
땅을 갈아야 할까, 그대로 둬야 할까 20
카카오 수확 22

여름 24
제초제 없이 잡초 없애기 26
해충 관리 28
농산물 직거래 장터 30
지붕 위 푸른 농장 32
농장과 첨단 기술 34
팜봇 36
수확기 38
오래된 농사법 40
물과 작물 42
직접 수확하기 44

가을 46
사과 수확 48
수확을 돕는 기계 50
덮기 작물 52
가축 돌보기 54
저장 식품 56
씨앗 보관 58

겨울 60
겨울 작물 62
도시 실내 농장 64
또 다른 농장 일 66
가지치기 68
씨앗 선택 70
친환경 에너지 72
양어장 74
겨울 음식 축제 76

우리가 할 수 있는 일 알아보기 78

지속가능한 농업

세계 곳곳에서 농부들은 우리가 먹을 식량을 키우고 있어요.
옥수수를 가꾸는 미국 네브래스카 농부에서 젖소를 길러 치즈를 만드는 유럽 농부까지.
마을 텃밭에서 채소를 기르는 도시 농부부터 아르헨티나 범람원에서 농작물을 기르는
농부까지. 농부들은 우리가 먹고 살 수 있도록 사계절 내내 열심히 일합니다.

지구 지키기

농부들은 지구도 건강하게 지키려고 애를 써요. 계절마다 해야 할 일이 있는데, 환경을 생각하는 농법으로 일해요. 땅을 건강하고 비옥하게 가꾸고, 수질을 보호하고, 지구에서 함께 살아가는 동물과 식물을 돌본답니다.

식량을 생산하면서 몸에 해로운 화학물질을 쓰지 않으려고 힘쓰는 농부도 많아요. 농작물에 해를 끼치는 곤충을 안전하게 없앨 방법을 찾아요. 물은 깨끗하게 관리하면서 절약하고 가축은 우리에 가두지 않고 자유롭게 풀어놓고 키워요.

이제 전 세계 농부를 만나러 갈 거예요. 농부들이 1년 내내 어떻게 우리에게 안전한 먹을거리를 공급하는지, 지구를 건강하게 지키는지 함께 알아봐요.

친환경 농업

농부들은 여러 가지 어려운 문제를 겪고 있어요. 인구가 늘어나서 더 많은 식량을 마련해야 해요. 게다가 기후변화로 지구가 더워지면서 농사짓기가 힘들어졌어요.

기후변화

농사를 지으려면 땅이 건강하고 깨끗한 물이 있어야 해요. 물이 넘치거나 모자라면 작물이 잘 자라지 못해요. 그런데 기후변화 때문에 홍수와 가뭄이 잦아졌어요. 바닷가에 있는 농토에 홍수가 나면 짠 바닷물이 육지로 흘러들어 와 땅이 망가져요. 바다와 멀리 떨어진 곳도 강력한 폭풍으로 홍수가 더 자주 일어나고 있어요.

산업형 농업

규모가 큰 산업형 농장에서는 살충제를 뿌려서 해충을 없애고 항생제를 써서 가축의 건강을 관리합니다. 많이 생산하는 것에만 집중하고 땅과 생명을 보호하는 일에는 관심이 없어요. 온실가스도 대량으로 뿜어내고 농업 폐수도 마구 흘려보내 수질을 오염시켜요.

문제 해결

어떤 농부들은 환경에 해를 끼치지 않고 안전하게 농사를 지으려고 애를 써요. 1년 내내 친환경 농법으로 풍족하게 식량을 공급하는 농부도 있어요. 생태 농업은 지역 날씨와 자연을 생각해 생태계를 보호하는 농법이에요. 농부들은 지구에 살고 있는 다양한 생명체를 보호하려고 노력합니다. 지속가능한 농업은 환경에 해를 끼치지 않으면서 계속 농사지을 수 있는 것을 말해요.

여러 가지 친환경 농법

땅 적게 쓰기
수경 재배는 땅을 적게 쓰고 화학물질도 덜 쓰고 숲을 보호하면서 식량을 생산해요.

돌려짓기
1년마다 재배하는 작물을 바꿔 심어서 땅을 보호해요.

도시에서 농사짓기
도시에서 농사를 지으면 푸드 마일*을 줄이고 에너지를 절약하게 돼요. 기후변화를 늦추는 데 도움이 돼요.

지혜로운 해충 없애기
화학물질을 쓰지 않고 해충과 잡초를 없애요. 손으로 뽑거나 로봇을 쓰고 서로 도움을 주는 식물을 같이 심어서 식물의 힘을 키우면 해충에 잘 견뎌요.

씨앗 보존
맛 좋고 지역 환경에 잘 적응한 토종 씨앗을 잘 보존하면 세계에서 기르는 작물이 디양해져요.

꽃가루를 옮기는 생명을 보호
작물이 열매를 맺으려면 벌이나 다른 날벌레가 있어야 해요. 과일나무를 심고 풀이 자라도록 땅을 보호해서 꽃가루를 옮기는 곤충을 보호해요.

* 농산물이 생산지에서 소비자에게 닿기까지 이동한 거리.

봄

겨울이 끝나고 날이 길어지면 농부들은 곡식과 채소를 심으려고 논밭을 손봐요. 가축들은 갓 돋은 풀을 뜯고 벌들은 꽃가루를 모아 이곳저곳 옮겨 다니며 가루받이를 해요.

북반구에서 봄은 4월과 5월이지만, 남반구에서는 9월과 10월이 봄이에요.
사는 곳이 어디건, 봄철이면 농부들은 바빠요.

토종 품종

봄이면 가축들은 들판에서 풀을 뜯어요. 산업형 농업은 생산량을 늘리기 위해 품종을 개량하지만 많은 농부는 오랫동안 길러 온 품종을 키우려고 해요. 토종이라고 하는데, 지역 날씨와 환경에 잘 적응한 품종이에요.

토종 가축

토종 가축은 사람들이 오랜 세월 길러 온 순종이에요. 그런데 멸종 위기에 처한 토종 가축이 많아지고 있어요.

토종 작물

토종 작물은 토종 가축처럼 50년쯤, 보통은 그보다 더 오랫동안 그 지역에서 재배한 작물이에요. 씨앗은 마을이나 가족들끼리 함께 공유해요.

생물 다양성 보호하기

농부는 토종 가축을 기르고 토종 씨앗을 심으면서 이들이 멸종하지 않게 애써요. 세계의 다양한 동물과 식물을 지키는 일이에요. 이것이 생물 다양성이고, 생물 다양성은 식량 안보를 지키는 데 중요합니다. 몇 안 되는 종만 키우면 무언가 잘못되었을 때 다른 방법이 없어요. 품종마다 강점과 약점이 달라서 한 가지 품종이 병에 걸려도 다른 품종은 번창할 수 있거든요.

품종과 생물 다양성

여러 가지 생물이 함께 살아가려면 농업에도 생물 다양성이 중요해요. 농부는 작물과 가축의 품종을 다양하게 키워서 농장을 건강하게 만들어요. 수명이 길거나 질병에 강한 품종도 있지만, 품종마다 다릅니다.

이탈리아 토종 소

아래 소들은 이탈리아에서 다시 인기를 끌고 있는 토종 품종들이에요. 토종 소에서 얻은 젖으로 파르메산으로 알려진 맛있는 파르미지아노 레지아노 치즈를 만들어요.

바케 로세
이 소는 이탈리아 북부의 토종인데, 전문 사육사들 덕분에 멸종 위기에서 벗어났어요. 튼튼하고 오래 살아요.

비안카 모데네세
이 흰색 소는 모데나라는 도시 주변에서 길렀는데, 수명이 길고 성격이 온순해요.

브루나 알피나스
갈색인 이 소가 생산하는 우유는 다른 품종 소의 우유보다 달콤해요.

놓아 기르기

추운 겨울이 지나면 농장 닭들이 알을 낳기 시작해요.
농장에서 풀어놓고 키우는 운 좋은 닭도 많아요.

자유롭게 풀어놓기

닭과 가축을 자연에 가까운 환경이나 목초지에서 다른 동물과 함께 길러요. 대량으로 사육하는 농장에서는 비좁고 답답한 우리에 가두어 키워요. 우리에 가두어 키우는 가축보다 풀어놓고 기르는 가축이 스트레스를 적게 받아요. 약을 덜 써도 더 건강해요. 우리 없이 놓아 기르면 맛있는 고기와 고소한 우유, 싱싱한 달걀을 얻을 수 있어요.

완벽한 달걀

이탈리아 풀리아에 있는 줄리오 아폴로니오의 양계장은 우오보 페르페토 Uovo Perfetto라고 해요. 이탈리아 말로 '완벽한 달걀'이라는 뜻이에요. 이 양계장에서는 닭 6,000마리를 놓아 길러요. 모두 공장식 양계장에서 온 닭입니다. 공장식 양계장에서는 닭을 우리에 가둬 키우다가 달걀을 적게 낳으면 죽여요. 아폴로니오 씨는 9,000평쯤 되는 땅에 암탉과 수탉을 자유롭게 풀어놓았어요. 닭이 스트레스받지 않는 건강한 환경에서 달걀을 얻을 수 있도록 균형을 잡은 거예요. 그래서 이곳은 건강하고 윤리적이며 친환경적이에요. 오래오래 달걀을 얻을 수 있답니다.

닭 품종

파도바나
이탈리아의 오래된 토종 닭이에요. 크기는 작지만 벼슬이 아주 돋보여요.

로드 아일랜드 레드
아주 건강한 품종이며 전 세계 농장에서 키워요.

햄버그
햄버그는 여기저기 다니며 먹이를 잘 잡아먹어서 놓아 기르기 좋은 품종이에요.

리보르노 네그라
블랙 레그혼이라고도 알려진 품종인데, 달걀을 얻기 위해 길러요. 껍질이 흰 달걀을 낳아요.

비온다 피에몬테세
병에 잘 걸리지 않는 황금색 닭이에요. 알도 잘 낳고 고기도 맛있습니다.

발다르노 비안카
흰색에 몸집이 큰 이 닭은 20세기에 멸종할 뻔했지만, 농부들이 개체 수를 늘리고 있어요.

봄철 홍수

봄이 시작되면 많은 곳에서 홍수가 나요. 범람원에서는 물이 자연적으로 크게 불어나기도 하고, 폭풍으로 홍수가 나기도 합니다. 홍수가 나면 농작물을 심는 데 어려움이 있지만 땅이 비옥해지기도 해요.

홍수와 땅

홍수로 불어난 물은 영양분이 풍부한 흙을 운반해요. 이런 흙과 모래가 쌓이면 땅이 기름지고 좋아져요. 봄에 주기적으로 일어나는 홍수로 땅이 한결 좋아집니다! 퇴비로 쓰는 마른풀과 콩, 옥수수 같은 작물이 이런 땅에서 잘 자라요.

세계의 범람원

주기적으로 물이 넘치는 강 가까운 지역을 범람원이라고 해요. 범람원은 대개 강둑에서 계곡 바깥쪽 가장자리로 평평하게 뻗어 있으며, 흙이 많은 땅이에요. 이집트 나일강과 중국 황하강 근처처럼 세계 곳곳에 범람원이 있어요. 남아메리카에는 세계 주요 식량 생산지 가운데 하나인 팜파스라는 비옥한 범람원이 있어요. 비옥한 농장이 많아서 '아르헨티나의 빵 바구니'라는 별명이 생겼어요.

홍수 관리

미국 네브래스카 농부들은 홍수가 난 논밭을 기계로 깊이 갈아엎어서 관리해요. 땅을 갈아 주면 물에 쓸려 온 침전물이 잘 섞여요. 이렇게 섞어 주면 식물이 뿌리를 잘 내리고 땅이 비옥해져서 작물이 잘 자라요.

범람원 작물

옥수수　　밀　　콩　　쌀

도시 농장

농부들은 기후변화 탓에 봄이 일찍 시작된다는 걸 느낍니다. 농사짓는 시기도 달라졌어요. 봄이 언제 시작되건, 봄이면 농부들이 바빠집니다. 이렇게 바빠지는 농부들이 시골에만 있는 것은 아니에요. 도시에도 농장이 있거든요!

눈에 띄지 않지만

여기는 영국 런던, 골목길이나 옥상처럼 눈에 잘 띄지 않는 곳에 도시 농장이 있어요. 이런 농장은 대부분 자발적으로 시작했고 지역 사람들은 농장을 소중하게 여겨요. 도시 농장에서 일하는 사람들은 봄마다 텃밭을 준비해서 씨앗을 심고 새로 태어나는 가축을 돌봐요.

동물 소리

동물 울음소리를 표현하는 말은 언어마다 달라요.

양
양 울음소리는 영어로 말하는 나라에서는 **바아**, 아랍어를 쓰는 나라에서는 **음바아**, 네덜란드 말로는 **베 베**, 일본 말로는 **메 메**라고 해요.

돼지
돼지 소리는 영어로 **오잉크**, 독일 말로 **그룬츠**, 프랑스 말로 **그루앵 그루앵**이라고 해요.

동네에서 장보기

동네에서 기른 과일과 채소를 사면 지역 경제도 살고 모두에게 좋아요. 농부들이 농사지은 곳에서 먹거리를 팔면, 농산물을 배에 실어서 다른 곳으로 보낼 필요가 없으니 운반하는 데 드는 비용도 줄어요. 식량은 신선하고 때로는 금방 딴 것이에요. 방부제를 쓰지 않은 싱싱한 먹거리는 건강에 좋고 플라스틱 포장도 덜 씁니다. 가까운 곳에서 기르고 사 먹으면, 농장에도 좋고 우리도 건강한 음식을 먹을 수 있어요!

새로운 계절, 새 생명

도시 농장과 가까운 학교에서 학생들이 찾아와 작물을 재배하고 벌 키우는 걸 배워요. 봄에 농장에 가면 뜻밖의 선물을 만날 수 있어요. 봄은 탄생의 계절입니다. 식물이 파릇파릇하게 싹을 틔우고 새끼 동물들이 태어나요.

거위
거위는 영어로 홍크, 튀르키예 말로는 객 객, 이탈리아 말로는 쿠아 쿠아라고 울어요.

닭
암탉은 영어로 클럭, 덴마크 말로 **톡 톡 톡**, 튀르크예 말로 **깃 깃 기댁**이라고 울어요. 수탉은 영어로 **코커두들두**, 이탈리아 말로는 **킥키리키** 하고 울어요.

봄철 땅 관리

봄이면 농부들이 땅을 관리하느라 바빠요. 유기농법과 친환경 농법으로 농사짓는 농부들은 화학비료를 쓰지 않고 땅을 건강하게 만들어요.

자연 그대로 지키기

농작물을 기르면 땅에서 영양분이 빠져나갑니다. 농부는 여러 방법으로 영양분을 보충해서 땅을 비옥하게 가꾸려고 해요. 화학비료를 쓰는 농부가 많지만, 화학비료는 땅과 생태계에 해를 끼칩니다. 유기농법과 친환경 농법으로 농사짓는 농부는 화학비료를 쓰지 않아요. 땅에 사는 생명들이 서로 어떤 영향을 주고받는지 살피면서, 거름을 쓰고 작물을 바꿔 가며 심고 덮기 작물을 심어서 농장의 생태계를 건강하게 만들어요.

우프 체험하기!

우프WWOOF는 세계 유기농 농장 체험 프로그램이에요. 우프에서 일하는 사람들은 스스로 농장에 와서 작물을 심거나 거두고, 가축을 돌보고 농장 고치는 일들을 도와요. 유기농을 경험하고 중요한 농사일도 배워요. 우프는 어른만 하는 게 아니라 가족 모두 할 수 있어요! 어린이는 이런저런 농사일을 돕기도 하고, 말도 타고 수영도 하고 걷기도 해요.

흙에는 무엇이 있을까?

땅은 생명으로 가득합니다! 살아 있는 온전한 세계가 우리 발아래에 있어요. 지렁이, 지네, 딱정벌레, 곰팡이, 박테리아 그리고 더 많은 생명이 있어요. 흙에는 무기질과 영양분도 있어요. 땅속 많은 생명체가 물질을 분해해서 식물이 자라는 데 필요한 무기질과 영양분을 만들어요. 해충과 잡초를 없애려고 화학물질을 쓰면 땅을 건강하게 만드는 생명들이 사라집니다.

잡초일까, 아닐까?

어떤 농부는 논밭 둘레에 있는 나무나 풀, 뿌리를 파내지 않아요. 그것들을 그대로 두어야 소중한 빗물이 논밭에서 빨리 흘러 나가지 않게 막아 주거든요. 식물은 폭우 때 두둑이 무너지지 않게 하고 땅도 건강하게 해 줍니다.

덮기 작물

덮기 작물은 땅을 보호하기 위해 기릅니다. 덮기 작물은 흙이 떠내려가는 것을 막고 영양분을 주어요. 대표적인 덮기 작물들이에요.

풀

콩과작물

잎이 넓은 식물

브라시카*

* 배춧과 식물

땅을 갈아야 할까, 그대로 둬야 할까

땅이 건강하지 않으면 농작물이 제대로 자라지 못해요. 봄은 농부가 중요한 선택을 하는 시기예요. 농장 땅을 갈지, 그대로 둬야 할지 정해야 하거든요.

무엇이 문제일까?

논밭을 갈아 흙을 부수는 일은 농부들이 흔히 하는 일이에요. 흙이 부드러워지면 씨를 뿌리기에 좋아요. 게다가 땅을 갈면 잡초가 금방 뽑히고 습한 땅도 빨리 말라요. 하지만 땅을 갈면 흙이 흐트러지고, 그 속에 사는 생물도 어지럽혀요. 그러면 땅속 생물이 식물에 필요한 영양분을 덜 만들어 냅니다. 흙도 푸석푸석해져서 비와 바람에 쉽게 씻기고 날려요. 그리고 땅을 갈면 이산화탄소가 나오는데, 이산화탄소는 기후변화를 일으켜요.

땅을 갈지 않고 농사지을 때

농부가 땅을 갈지 않고 농작물을 키우려면 특별한 기계가 필요해요. 기계로 고랑을 만들어 씨를 심고 두드려 준 뒤 흙으로 덮어요. 기계는 땅을 최대한 건드리지 않으면서도 농부가 할 일을 해 줘요.

파종기

대안은 무엇일까?

어떤 농부들은 땅을 갈았을 때 좋은 것보다 안 좋은 게 많다고 생각해요. 그들은 땅을 갈지 않으면 수분과 영양분, 유기물이 훨씬 풍부하다는 걸 알아냈어요. 땅이 더 건강해지는 거예요. 게다가 환경에도 도움이 되고 시간과 비용을 아낄 수 있어요.

고랑 만드는 농기구

콩 파종기

카카오 수확

봄이면 전 세계 농장에서 작물을 새로 심어요. 하지만 하와이에서 봄은 아주 중요한 작물, 바로 카카오를 거두는 계절이에요!

지속가능한 초콜릿

하와이의 마우이섬에 있는 쿠이아 에스테이트 카카오 농장은 25,000평쯤 돼요. 구나르스 발키르스라는 사람이 카카오나무로 숲을 만들겠다고 마음먹은 게 시작이었어요. 10년 동안 7,000그루를 심었고, 나무에서 얻은 카카오를 하와이에서 가장 큰 초콜릿 공장에 납품해요. 탄소 발자국을 전혀 남기지 않기 위해 태양열발전으로만 공장을 돌려요. 농장과 공장에 일자리가 생겨 사람들에게 도움을 줘요. 그래서 '지속가능성' 상을 받았어요. 정말 달콤한 이야기지요?

적도

카카오를 기르는 나라들

기후 위기

기후변화가 전 세계인이 사랑하는 초콜릿 생산에도 영향을 끼쳐요. 카카오나무는 북위, 남위 20도 사이에서만 기를 수 있어요. 인기가 많은 작물인데, 키우는 게 꽤 까다로워요. 카카오나무는 비가 충분하게 오고 습도가 높은 곳, 질소가 많은 흙에서 잘 자라고 바람도 잘 막아 줘야 해요. 농부들은 기후변화로 달라진 환경에서 키울 수 있는 나무를 찾아야 해요.

카카오 종류

지금은 여러 곳에서 카카오를 기르지만, 원산지는 아메리카 대륙입니다. 대표 품종은 다음 네 가지예요.

크리오요

포라스테로

트리니타리오

나씨오날

카카오나무에서 초콜릿까지

1. 카카오 열매를 모아서 쪼개요.

2. 열매에서 카카오 콩을 모두 골라내 볶아요.

3. 콩 껍질을 모두 골라내요.

4. 남은 알맹이만 갈아서 반죽으로 만들어요.

5. 설탕 같은 다른 재료를 넣어요.

6. 회전날로 초콜릿 원액을 잘 저어요.

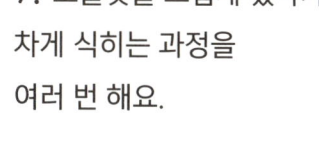
7. 초콜릿을 뜨겁게 했다가 차게 식히는 과정을 여러 번 해요.

여름

여름도 이 일 저 일로 바쁜 철이에요. 낮이 길어지고 햇빛이 많아져요. 옥수수, 호박, 브로콜리 같은 여름작물을 키웁니다. 농부들은 과일, 채소, 치즈, 꽃, 싱싱한 생선, 농장에서 키운 가축의 고기를 시장에서 팔아요.

북반구에서 여름은 6월, 7월, 8월이고 남반구에서 여름은 11월, 12월, 1월이에요. 농장이 어디에 있든, 우리는 세계 곳곳의 농장에서 식량을 얻습니다.

제초제 없이 잡초 없애기

여름철 농장에는 농작물만 자라는 게 아니에요. 잡초도 자랍니다. 잡초는 한 가지 특정한 종류의 식물이 아니에요. 자라지 않기를 바라는 곳에서 엉뚱하게 자라는 식물이에요. 잡초는 작물에게 가는 물과 영양을 빼앗아 식물이 자라는 걸 방해해요. 수확에 지장을 주거나 가축에 해를 끼치기도 해요.

잡초 관리

제초제라는 화학물질은 잡초를 없애지만 환경에 해를 끼쳐요. 농부들은 제초제 대신 자연적인 방법으로 잡초를 없애요. 뉴멕시코에 있는 나바호 원주민 보호 지역의 농부들처럼 손으로 잡초를 뽑는 농부들이 많아요. 잡초가 씨를 퍼트리기 전에 뽑아 버려요. 하지만 모든 농부가 손으로 잡초를 뽑지는 않아요. 농장마다 달라요. 키우는 작물과 땅과 날씨에 따라 자라는 잡초도 다릅니다!

다른 방법

잡초를 꼭 손으로만 없애는 것은 아니에요. 어떤 농부는 작물을 무성하게 키워서 잡초가 싹을 못 틔우게 해요. 잡초가 자라지 못하게 하는 또 다른 방법에는 멀칭 즉, '덮기'가 있어요. 작물이 자라고 있는 땅에 나무 조각이나 짚, 나뭇잎 같은 다른 유기물 재료로 덮어 주는 거예요. 해마다 작물을 바꿔 심어서 잡초가 자라는 환경을 변화시키는 방법도 있어요.

잡초는 어떻게 퍼질까?

도로를 따라 차와 농산물을 실은 트럭이 씨앗과 식물 재료를 다른 지역으로 옮겨요.

잡초를 먹은 가축이 배설물로 씨앗을 퍼트려요.

식물이 씨앗을 퍼트리는 방법은 오래 진화해 왔어요. 어떤 씨앗은 바람을 타고 이곳에서 저곳으로 날아갑니다. 동물 털에 붙어서 멀리 가는 씨앗도 있어요. 새와 동물이 열매를 먹고 다른 곳에서 배설하면서 씨앗이 퍼져요.

수도, 가스, 전기를 놓는 관이 잡초들이 이동하는 통로가 되기도 해요.

해충 관리

날씨가 따뜻하고 화창하면 작물도 잘 자라지만, 해충도 생겨요. 메뚜기, 딱정벌레, 호박 노린재, 진드기처럼 작물을 갉아 먹는 벌레가 여름철에 많이 생겨요.

곤충을 먹이로

닭과 오리, 칠면조 같은 날짐승을 놓아 기르면 동물들도 건강하고 작물에도 좋아요! 가축이 메뚜기와 해충을 잡아먹으니 해충을 없애는 농약을 쓰지 않아도 돼요. 가축들은 곤충을 먹고 단백질을 얻죠. 게다가 새들이 파리 유충을 찾느라 소와 말의 배설물을 파헤치면 틈이 생기고, 그 틈으로 물과 공기가 스며들어 땅을 건강하게 만드는 또 다른 이점도 있어요.

해충 잡는 영웅

천연 해충 제거제, 그러니까 곤충을 이용해서 해충을 막을 수도 있어요. 해충을 잡는 영웅들은 작물을 망치는 곤충으로 배를 채웁니다. 건강을 해칠 위험 없이 살충제 대신 해충을 잡아먹는 곤충이 농장에 많아질수록 작물이 건강해집니다.

말벌

말벌은 식성이 좋아 해마다 다른 곤충을 몇 킬로그램이나 먹어요. 식물을 죽이는 박각시나방 애벌레 몸속에 알을 낳는 말벌도 있어요. 알에서 깨어난 말벌이 숙주인 박각시나방 애벌레를 먹고 자라요. 꽤 무시무시한 일이지만 농부에게는 도움이 돼요.

무당벌레

무당벌레는 빨간색이나 노란색, 검은색 또는 주황색 반점이 찍힌 손톱만 한 딱정벌레예요. 전 세계 무당벌레 종류는 5,000가지쯤 돼요. 무당벌레는 진딧물, 깍지벌레, 멸구, 진드기, 가루깍지벌레처럼 농작물과 정원 식물의 수액을 빨아 먹는 해충의 천적이에요. 무당벌레 한 마리가 하루에 진딧물을 50마리까지도 잡아먹는데, 평생 5,000마리를 먹는 거예요.

사마귀

사마귀는 귀뚜라미, 거미, 메뚜기 같은 작물을 갉아 먹는 곤충을 잡아먹어요. 생쥐, 도마뱀, 청개구리, 심지어 벌새까지 잡아먹는 사마귀도 있어요. 사마귀는 해충을 잡는 데 뛰어난 곤충이에요.

농산물 직거래 장터

여름에 농산물을 풍성하게 거둬들이면 농부들은 맛있는 농축산물을 파는 직거래 장터를 열어요. 장터는 도시공원은 물론 이용하지 않는 기차역, 주차장, 가판대 같은 다양한 곳에서 열려요.

지역사회 살리기

런던 화이트 시티의 학생들과 도시 농장 자원봉사자들은 피닉스 고등학교 농장에서 일하며 식량을 어떻게 재배하는지 배워요. 그리고 농장에서 기른 농산물을 직판장에 납품해요. 직거래 장터는 지역사회에서 중요합니다. 신선한 과일과 채소를 파는 가게가 적은 지역에서 농산물 직판장은 식량을 구할 수 있는 곳이니까요.

전통 음식

펜실베이니아 아미시 공동체*에 있는 랭커스터 중앙 시장은 미국에서 가장 오래된 농산물 직거래 장터예요. 다진 돼지고기와 옥수숫가루로 만든 스크래플 같은 전통 음식은 이 시장에서 여러 세대 동안 팔아 온 인기 음식이에요. 물론 갓 딴 호박이나 다른 농산물도 팔아요.

펜실베이니아에서 몇천 킬로미터 떨어진 에콰도르에는 남미에서 가장 큰 오타발로 시장이 있어요. 안데스산맥과 전국 곳곳에서 가축을 팔러 와요. 장을 보러 온 사람들은 안데스산맥에서 재배한 다양한 종류의 감자, 옥수수, 먹거리는 물론 살림살이며 알파카 털로 짠 옷감도 구할 수 있어요.

* 오래된 전통 방식으로 농사를 짓고 사는 기독교 공동체.

신선한 것이 최고

직거래 장터를 구석구석 구경하면 아주 재미있어요. 지역 농부와 식품 생산자에게 도움도 되고 신선한 지역 음식도 맛볼 수 있어요. 관광객뿐만 아니라 지역 주민에게도 인기가 많아요. 포도와 갖가지 음식이 가득한 리가 중앙 시장은 라트비아의 옛날 비행기 격납고에서 열려요. 이탈리아 파도바의 프루타 광장과 에르베 광장에 장이 서면 대단해요. 장날에는 아티초크, 밤, 토마토 같은 제철 음식을 파는 노점이 광장에 가득 들어차거든요.

지붕 위 푸른 농장

모든 농장이 우리 발아래 있는 것은 아닙니다. 높은 건물 꼭대기에도 농장이 있어요! 도시에 있는 옥상 농장이 도시인들에게 식량을 공급해요. 뉴욕의 제이컵 재비츠 센터에는 8층 높이에 작물을 재배하는 옥상 농장이 있어요. 높이 치솟은 엠파이어 스테이트 건물이 보이는 곳이에요. 1,500평이 넘는 옥상 농장에는 무, 바질, 양상추 같은 농작물을 길러요. 온실도 있고, 과일나무 수십 그루가 자라는 공간도 280평쯤 있어요.

재비츠 센터 옥상 농장은 먹거리 숲이라고도 할 수 있어요. 자연 생태계를 본떠 만들었는데, 좁은 면적에서 작물을 많이 기를 수 있도록 층지게 설계했어요. 키 작은 블루베리 나무 아래에 허브나 채소를 심어요. 키 큰 과일나무나 견과류 나무들이 그늘을 드리워 주고 달콤하면서도 강한 향기를 풍기는 덩굴식물을 맨 아래 심는 방식이에요.

농장과 첨단 기술

식량을 생산하면서 생태계에 해를 끼치지 않으려고 전통 농법으로 돌아선 농부들도 있지만, 첨단 기술을 사용하는 농장도 많아요. 기술은 잘못 쓰면 해로워요. 땅의 건강이나 생물 다양성을 생각하지 않고 해마다 같은 작물만 심는 산업형 농업이 그 예입니다. 하지만 기술을 올바르게 쓰면 환경을 보호할 수 있어요.

유용한 기술

규모가 작은 농장에서 쓰는 첨단 기술 도구와 로봇은 식량을 재배하고 환경을 보호하는 데 도움이 돼요. 농부는 기술을 이용해서 가축을 안전하고 건강하고 행복하게 돌봅니다. 기술로 수자원을 보존하고 논밭을 관찰해요. 농장 로봇은 생물 다양성을 보존하고 기후변화에 대처하는 데도 좋아요. 첨단 기술로 시간과 에너지를 아낄 수 있다는 점이 농부들에게는 무엇보다 중요해요!

첨단 기술 도구

드론과 감지 장치

드론을 날려서 풀을 뜯는 가축과 작물을 한눈에 살펴요. 물을 감지하는 장치로 물이 부족한 곳도 파악해요. 옥수수밭을 가로질러 콤바인을 몰 때도 땅이 젖은 곳을 알고 피할 수 있어요.

낙농장

노르웨이와 다른 여러 지역 낙농업자들은 젖 짜는 로봇을 써서 젖을 짜요. GPS가 붙은 추적 목걸이와 가상 울타리로 토종인 붉은 소가 어디에 있는지 파악해서 안전하게 보호해요.

태양광발전

전 세계 농장에서 햇빛을 전기로 바꾸는 태양 전지판을 쓰고 있어요. 태양 전지판 기술로 비용을 아낄 수 있는 재생에너지를 생산해요. 지구를 위해 더 깨끗한 에너지를 만들어 기후변화에 대처합니다.

팜봇

일하는 로봇을 쓰는 농장들이 점점 많아지고 있어요.
젖을 짜는 로봇만 있는 게 아닙니다! 로봇이 가축을 먹이고 양털을 깎아요.
오렌지와 딸기도 땁니다. 잡초를 뽑고 식물을 심기도 해요.

팜봇

지금 전 세계에서 쓰는 첨단 기술 로봇을 소개합니다.

이앙기

모종을 옮겨 심는 로봇인데, 스페인의 플랜트테이프 회사에서 만들었어요. 테이프처럼 길게 생긴 모종판이 자동으로 밭으로 내려오면, 기계가 적당한 간격으로 모종을 하나씩 심어요.

잡초 없애는 로봇

사람이 일일이 풀을 뽑으려면 일손이 많이 들어요. 농부들은 잡초를 뽑는 로봇을 써서 농지와 주변을 더 깨끗하게 만들어요. 잡초는 없애면서 벌과 다른 유익한 곤충들은 해치지 않으려고 레이저광선을 쏘는 로봇도 있어요. 로봇들은 이런 방법으로 생물 다양성을 보호해요. 영화에 나오는 이야기로 들리겠지만 실제 일입니다!

레이저위더

레이저위더는 레이저로 잡초를 없애요. 땅도 갈지 않고 화학물질도 쓰지 않고 잡초를 없애서 농작물에 해가 되지 않아요.

테라센티아

미국 어스센스 회사에서 만든 이 작은 로봇은 작물의 건강 상태를 관찰하고 잡초를 없애요. 필요하면 좁은 면적에만 살충제를 뿌릴 수 있어요.

수확기

세계 곳곳에서는 1년 내내 때에 따라 서로 다른 농작물을 거두어들여요. 로봇으로 수확하는 농장도 있지만 여전히 많은 농부가 손으로 거두어들여요. 인도 남부 농부들은 여름에 잭프루트를 수확하기 시작해요.

잭프루트 농장

잭프루트를 심는 농장에서는 흔히 망고, 구스베리, 캐슈, 열대열매 사포타도 길러요. 대부분 경작지를 띠처럼 길고 좁게 나눈 큰 농장이에요. 양쪽에 나무를 줄지어 심고, 재배하는 작물도 해마다 바꿔 심어요. 이런 방식으로 농사짓는 것을 앨리 크로핑이라고 해요. 양쪽에 나란히 심은 잭프루트 같은 과일나무나 견과류 나무들은 비바람에 땅이 쓸려 나가는 것을 막아 줘요.

잭프루트

버마 포도

가지

한 가지 작물, 다양한 쓰임새

잭프루트는 쓰임새가 다양해요. 인도에서는 아주 중요한 농작물이에요. 과일로도 먹고 카레로 요리를 하기도 해요. 요리할 때 돼지고기 대신으로도 자주 써요. 얇게 썰어 튀겨 먹기도 하고 파야삼 같은 푸딩이나 잼을 만들기도 해요. 잎으로 음식을 싸서 찜도 해요. 잭프루트를 기르는 데는 물과 화학물질도 많이 들지 않고, 영양이 풍부해서 좋은 식량이에요. 잭프루트는 흙이 쓸려 가지 않도록 땅을 잡아 주는 구실도 해요.

잭프루트

파야삼

잭프루트 지키기!

인도 케랄라의 자얀은 마을에 잭프루트 나무가 몇 그루 남지 않은 것을 알고 잭프루트 나무를 심기 시작했어요. 자얀은 '잭프루트 자얀'으로 알려졌고 서로 다른 품종 23가지를 섞어서 20,000그루가 넘는 잭프루트 묘목을 심었어요. 사라져 가는 식물을 지켜 냈다고 2019년에 큰 상을 받기도 했어요.

오래된 농사법

적도에서 가까운 멕시코는 사계절이 뚜렷하지 않지만 우기와 건기가 있어요. 6월에서 10월이 대체로 따뜻하고 습해요. 이 시기에 옥수수, 플랜틴 바나나, 고추, 사과, 양파, 호박을 땁니다.

숲처럼 울창하게

멕시코에는 조상과 똑같은 방식으로 농사짓는 원주민 농부들이 있습니다. 카페탈은 그늘을 이용할 수 있게 농장에 층을 내어 작물을 재배하는 농법이에요. 층마다 다른 식물이 자라는데, 위쪽 층에 있는 식물이 아래로 그늘을 드리워 습기를 유지해요. 멕시코에서는 과일나무를 위층, 커피나무를 중간층에 심어요. 고추, 차이브*, 차요테** 같은 작은 채소와 덩굴식물이 아래층에서 자라요. 나무가 바람과 추위로부터 작은 식물을 보호해요. 나무에서 떨어진 잎은 잡초가 자라는 걸 막고 수분을 유지하는 천연 퇴비 구실을 해요.

* 파 종류. ** 쪼글쪼글한 서양배나 작은 호박처럼 생긴 채소.

세 자매 농법

멕시코에는 밀파라는 오래된 농법으로 농사짓는 농부들도 있어요.
옥수수와 콩, 호박을 함께 키우는 농법이에요. 옥수수와 콩, 호박을 세 자매라고
하는데, 몇 세기 동안 이곳 사람들을 먹여 살렸어요. 카페탈처럼 옥수수는
위층에서 그늘을 드리우고 콩은 중간층, 호박은 맨 아래층에 심어요. 세 가지
작물을 동시에 키우면 화학물질을 쓰지 않고 해충과 잡초를 없앨 수 있어요.
세 작물은 서로가 무성해지도록 돕는 식물이에요. 옥수수는 콩이 타고 오르는
튼튼한 지지대가 돼요. 콩은 공기에서 질소를 흡수해 땅을 기름지게 해요.
호박잎은 까끌까끌해서 배고픈 너구리와 다른 해충이 가까이 오지 못해요.

물과 작물

여름에는 날씨가 더워져요. 농작물에 물을 줘야 하는데, 비가 거의 내리지 않는 곳도 많아요. 여러 지역에서 여름철 더위와 가뭄이 갈수록 심해지는데, 농부들도 기후변화로 새로운 문제를 겪고 있어요.

건조 농법

미국 캘리포니아에는 건조 농업으로 알려진 전통 농법을 이용해서 건조한 날씨에 적응하는 농부들이 있어요. 겨울에 내린 비를 작물을 심는 봄과 여름까지 땅의 가장 위층에 남아 있도록 농지를 세심하게 관리하는 방법이에요. 겨울에는 비가 50cm만 내려도 작물이 자라요. 애리조나에 사는 몇몇 농부들은 아메리카 원주민들이 하던 건조 농법으로 옥수수를 키워요. 이탈리아와 스페인 농부들도 비슷한 방법으로 포도와 올리브를 재배합니다.

이 밭에서 청색 옥수수를 거둘 거예요.

건조한 토마토밭

시칠리아에는 비가 적게 내려요. 포모도로 시카뇨라는 토마토를 재배하는 농부들은 물을 전혀 주지 않아요. 대신, 시원하고 습한 초봄에 어린 모종을 심어요. 그리고 최고 기온이 48.8℃까지 치솟을 때조차 물을 주지 않고 자연에 모종을 맡깁니다.

직접 수확하기

여름철이면 농약을 치지 않는 농장으로 사람들이 모여들어요. '자기 손으로 따기', '따는 만큼 가져가기', '셀브플룩'(노르웨이), '젤버 플뤼컨'(독일) 같은 다양한 이름이 있지만 무엇이라 말하건 비용을 내고 자기가 먹을 열매를 딸 수 있는 농장은 세계 곳곳에 있어요.

무엇을 딸까?

우리는 세계 곳곳에서 과일과 채소를 직접 수확하는 것으로 그곳의 농부를 도울 수 있어요. 수확을 체험할 곳도 많습니다. 스코틀랜드에서는 테이베리와 산딸기를 따고, 이탈리아 아말피 해안에서는 레몬을 땁니다. 노르웨이 텔레마르크 지역의 그바르브 마을에서는 달콤한 체리와 사과를, 스페인 발렌시아 근교에서는 오렌지를 수확해요. 6월이면 남아프리카 하우텡에서 석류를 따고, 미국에서는 딸기를 따요.

가을

가을은 세계 곳곳에서 수확하는 계절이에요. 낮이 짧아지고 서늘해져요. 작물마다 거둬들일 때가 되면, 마을과 도시 전체가 함께 모여서 풍성한 먹거리를 즐기며 축하해요. 수확을 기뻐하며 축제를 여는 거예요. 북반구에 있는 농장은 9월과 10월, 남반구 농장은 3월과 4월에 가을을 맞이해요.

추수 축제

지역마다 가을에 거두는 작물이 달라서 전통과 축제도 달라요. 하지만 가을에 수확하는 풍요로움은 모두가 즐겨요! 이탈리아 북부 사람들이 밤 수확을 즐길 때, 남부 시칠리아 주민은 피스타치오 축제를 열어요. 보름달이 뜨는 때에 가을 수확을 기념하는 아시아 나라도 있어요. '한가위 축제'에서는 수확을 기뻐하며 달콤한 '송편'을 먹어요. 파푸아뉴기니와 나이지리아에서는 주요 작물인 얌*을 처음으로 거둘 때 춤을 추며 성대한 축제를 열어요. 우기가 끝날 무렵에 열리는 행사예요.

* 참마과에 속하는 뿌리채소.

사과 수확

가을에는 세계 곳곳에서 사과를 따요! 사과는 겨울에 춥고 여름에는 따뜻한 곳에서 가장 잘 자랍니다. 호주 일부와 아시아, 유럽은 물론 미국까지 전 세계 대부분에서 사과 농사를 지어요. 하지만 사과 종류와 쓰임새는 나라마다 달라요.

사과파이 그 이상

사과는 파이에 들어가는 재료로도 훌륭하지만 다양하게 조리해서 먹을 수 있어요. 사과 소스와 사과 버터를 만들기도 하고, 런던 농부들은 옥상 정원에서 기른 사과를 수확해서 사과 처트니를 만들어요. 노르웨이 사람들은 사과 케이크를 굽습니다. 화창한 가을날 미국인들은 사과 사이다를 마시고, 튀김기에서 꺼낸 따끈한 사과 도넛을 먹기도 하고, 사과 사탕도 만들어 먹어요.

사과 소스 만들기

사과 소스는 다른 음식과 곁들이거나 간식으로 먹기에 완벽한 가을 별미예요. 싱싱한 사과와 물만 있으면 누구나 쉽게 사과 소스를 만들 수 있어요. 사과는 단맛이 나니까 설탕은 필요 없지만, 계피를 조금 넣으면 좋아요.

1. 농부에게 사과 소스를 만드는 데 가장 좋은 품종을 물어서 골라도 되고 갈라, 코틀랜드, 후지, 크리스핀(무츠) 사과를 많이 씁니다.

2. 중간 크기 사과를 세 개 씻어서 껍질을 벗기고 다져요.

3. 다진 사과를 냄비에 넣고 다 잠길 만큼 물을 부어요. 사과가 물렁물렁해질 때까지 은근한 불로 끓입니다.

4. 덩어리를 남겨도 좋고 부드럽게 갈아도 좋아요. 따뜻한 사과를 알맞은 묽기로 맞춥니다.

5. 사과 소스를 유리 단지에 담아서 냉장, 또는 냉동 보관해요.

수확을 돕는 기계

농작물은 대부분 사과처럼 손으로 따지만, 기계를 써서 거둬들이는 작물도 있어요. 기계를 쓰면 사람을 적게 써서 빠르고 쉽게 수확할 수 있어요. 작물마다 거두는 방법이 달라서 필요한 기계도 다양해요. 기계마다 쓰는 방식이 다릅니다.

큰 기계, 작은 기계

농부들은 콤바인, 건초 포장기, 감자 수확기, 올리브 수확기 같은 기계가 필요해요. 수확용 컨베이어 벨트는 양배추처럼 낮게 자라는 작물을 거둘 때 좋아요. 리퍼 바인더는 밀과 귀리 같은 곡물을 잘라서 단으로 묶어요. 농부들이 논밭을 걸어 다니며 쓸 수 있는 작은 기계도 있어요. 어떤 기계는 몹시 커서 반드시 몰고 다녀야 해요. 기계들 덕분에 농장 생활이 한결 편해지지만, 친환경 농사를 짓는 작은 농장에서 사기에는 기계가 대부분 지나치게 비싸요.

수확용 기계

콤바인

콤바인은 농부가 운전하는 대형 기계예요. 콤바인은 식물을 통째로 거두어서 옥수숫대에서 사료용 옥수수 알갱이를 분리해요. 옥수숫대는 거름이 되도록 밭에 뿌려 줍니다.

리퍼 바인더

리퍼 바인더는 밀, 귀리, 보리를 수확하는 데 씁니다. 줄기를 일정한 크기로 잘라서 다발로 묶어요.

올리브 수확기

올리브 수확기는 나무줄기를 흔들어서 잘 익은 올리브를 떨어뜨려요. 떨어지는 열매가 모이도록 농부들이 나무 아래에 천을 깔아 둡니다.

감자 수확기

감자는 땅속에서 자랍니다. 감자 수확기는 땅을 파 감자를 캐낸 뒤 흙을 털어 보관 용기에 담아 줍니다.

건초 포장기

건초 포장기는 콤바인처럼 여러 가지 일을 할 수 있어요. 건초나 아마 같은 작물을 자르고 모아서, 가축 사료로 쓰기 쉽게 원통이나 직육면체 모양으로 포장해요.

덮기 작물

수확이 끝나면 논밭은 대부분 맨땅으로 남아요. 겨울이 지나도록 논밭을 그대로 두었다가 봄에 다시 작물을 심으면 농부들은 할 일이 없을 거예요. 하지만 수확이 끝난 뒤 땅에 덮기 작물을 심는 농부가 많아요. 농부들이 몇백 년 동안 해 온 농법이에요.

덮기 작물은 왜 심을까?

덮기 작물을 심으면 다음 농사철까지 땅을 건강하게 보호할 수 있어요. 작물이 영양분을 줘서 땅이 비옥해져요. 그리고 잡초가 자라지 않게 해 주고, 빗물이 흘러 나가지 않게 막아서 땅의 수분을 지켜 줘요. 게다가 덮기 작물은 꽃가루를 옮기는 곤충이나 벌레들에게 먹이가 되기도 합니다. 이런 작물은 대부분 수확하려고 기르는 게 아닌데, 오스트리아에서는 덮기 작물로 겨울에 완두콩을 심어 먹기도 해요.

재배하던 옥수수를 수확하면 새로 자라는 덮기 작물이 드러납니다.

덮기 작물

알맞은 작물을 고르는 게 중요해요. 덮기 작물은 지역에 따라 다양하고 서로 다른 장점이 있습니다.

겨울 호밀

호밀은 뿌리가 큰 식물이어서 바람이나 물에 흙이 쓸려 가지 않도록 막고 수분을 유지하는 데 뛰어납니다.

토끼풀

붉은토끼풀과 흰 토끼풀 모두 땅에 꼭 필요한 질소를 더해 줄 뿐 아니라 꽃가루를 옮기는 생명들에게 먹이가 되기도 해요. 붉은토끼풀로 차를 끓이기도 해요.

순무

순무는 소나 양을 풀어놓고 키우는 농부가 기르면 정말 좋아요. 키우는 데 비용도 적게 들뿐만 아니라 추운 계절에 동물들 먹이로도 쓰여요.

가축 돌보기

가축을 잘 돌보는 일은 농부에게 1년 내내 중요하지만 가을이 특히 중요한 때입니다.
겨울이 곧 닥칠 테니 다가오는 추위에도 가축이 탈 없이 건강하게 지내도록 단단히 준비해야 해요.

닭 돌보기

가을에는 닭들이 털갈이를 해요. 새 깃털이 돋아나도록 오래된 깃털이 빠지는 거예요. 농부들은 이때 닭에게 단백질과 칼슘을 충분히 먹여서 나중에 새 깃털이 잘 자라게 해요.

성장

보통 봄에 태어난 송아지와 새끼 양은 가을쯤이면 자라서 다음 단계로 넘어가요. 어미 젖을 떼고 사료나 풀을 먹기 시작하거든요. 농부는 추운 겨울이 오기 전에 가축을 목초지에서 농장 축사로 옮겨요.

잘 먹도록 살피기

사람만 가을 사과를 좋아하는 건 아닙니다. 동물도 사과를 무척 좋아해요! 가을이면 소와 양, 염소들이 과수원에 곧잘 들어가서 떨어진 사과를 우적우적 먹어요. 계절이 바뀌어 먹는 게 달라질 때 농부들은 가축이 건강하도록 건초나 풀을 챙겨 먹여야 해요. 가을에는 말들이 아삭아삭한 사과와 딱딱한 당근, 질긴 건초를 씹어도 안전하도록 이빨을 검사해요. 입에 문제가 있는 말은 먹이를 잘 씹지 못하거든요.

저장 식품

갓 딴 과일과 채소가 맛도 좋고 영양소도 풍부해요. 하지만 철이 지나면 나중에 먹을 수 있도록 작물을 서둘러 저장해요. 절이고 발효하고 통조림을 만드느라 부엌이 달콤하고 매콤한 냄새로 가득합니다. 이렇게 만든 식품은 상하지 않아서 오래 두고 먹을 수 있어요.

오래 저장하기

식품을 오래 저장하는 방법은 여러 가지예요. 감자 같은 뿌리채소는 지하 저장실이나 저온 창고에서 몇 달이나 보관할 수 있어요. 과일이나 열매는 얼렸다가 나중에 파이나 스무디, 크럼블을 만들 때 써요.

발효

발효는 유익한 박테리아가 천연 당분을 톡 쏘는 산으로 바꾸는 과정이에요. 김치는 배추와 갖은양념으로 만드는 한국의 발효 식품이에요. 항아리에 김치를 담아서 발효시켜요.

절임

우리가 먹는 절임은 오이가 많지만, 절일 수 있는 과일과 채소는 많아요. 절임은 식초, 설탕, 향신료, 소금을 써서 새콤달콤하게 조리하는데, 몇 달 동안 반찬이나 간식으로 먹을 수 있어요.

통조림

통조림은 식품을 끓여서 해로운 박테리아를 죽인 뒤, 새로운 박테리아가 자라지 못하도록 깡통이나 유리 단지에 넣고 봉한 거예요. 이탈리아 사람들은 신선한 토마토 껍질을 벗겨서 깨끗이 소독한 유리 단지에 넣은 뒤, 단지를 밀봉해서 뜨거운 물에 담갔다가 보관해요.

과일 저장하기

잼 바른 토스트를 좋아하나요? 신선한 과일을 저장하거나 빵에 발라 먹기 좋게 만드는 방법은 여러 가지예요.

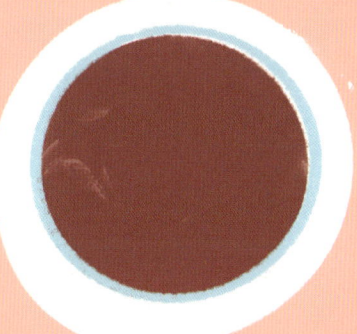

젤리
부드러운 젤리는 과일 주스를 걸러서 만들어요.

잼
잼은 과일을 으깨서 만들며 젤리보다 과육이 많아요.

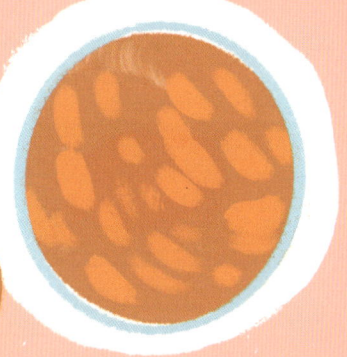

마멀레이드
마멀레이드는 감귤 종류로 만든 저장 식품인데, 과일 껍질이 들어 있어요.

프리저브
프리저브는 과일을 통째로 쓰거나 큼직한 과육으로 만들어서 씹는 맛이 있어요.

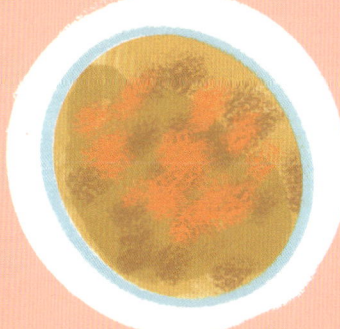

스프레드
잼, 젤리와 달리 설탕을 넣지 않고 만드는 과일 스프레드는 100% 과일로 만들어요.

과일 버터
과일 버터는 갈거나 으깬 과일을 걸쭉하고 끈적해질 때까지 저온에서 천천히 조리해서 만들어요.

씨앗 보관

가을은 농부들이 앞날을 내다보는 때예요. 영양분이 풍부한 채소와 과일을 겨울을 지나 이듬해까지 먹을 수 있도록 저장해요. 그리고 좋아하는 작물의 씨앗을 나중에 심을 수 있게 따로 보관해서 다음 농사철을 준비해요.

무엇을 보존할까?

토종 품종의 씨앗을 보존해서 고유한 작물을 지켜요. 잡종이 아닌 순종 식물의 씨앗도 많이 보존해요. 잡종은 두 가지 다른 식물이 섞인 거예요. 잡종이 아닌 작물의 씨앗을 골라 보존해서 다음 농사철에도 토종 품종을 재배해서 지켜요.

씨앗

식물은 번식하려고 씨앗을 맺어요. 사과 씨앗처럼 과일 안에 생기기도 하고, 딸기에 박힌 작은 씨앗처럼 열매 겉에 맺히기도 합니다. 상추 씨앗처럼 꽃과 함께 영글기도 해요. 작물은 대부분 상추처럼 씨앗이 눈에 띄기 전에 수확해요. 그래야 작물이 더 맛있고 부드러워요. 하지만 같은 품종을 다시 기르고 싶은 농부는 작물을 다 거두지 않고 씨앗이 맺힐 때까지 밭에 남겨 두었다가 다음 해에 심을 씨앗을 얻습니다.

제노바 바질

대왕 무지개 토마토

파프리카 씨앗 보관

파프리카 씨앗은 보관하기 쉬워요. 먼저, 씨가 맺힌 하얀 부분을 잘 발라서 씨앗을 모두 떼어 내요. 키친타월 위에 펼쳐서 말립니다. 씨앗이 다 마르면 비닐봉지나 유리 단지에 넣어요. 꼭 이름표를 붙이세요! 봄이 오면 씨앗을 심습니다.

겨울

겨울이 오면 세계 곳곳에서 날이 짧아지고 추워져요. 북반구는 12월, 1월, 2월이 겨울이고, 남반구는 6월에서 8월까지가 겨울입니다. 농부들은 농장을 손보거나 이듬해 씨 뿌리는 때를 준비하면서 겨울을 보내요.

겨울철 재배

어떤 농부는 겨울에도 농사를 지어요. 당근 같은 경우는 영하 15℃까지 내려가도 살아요. 겨울에는 재배 환경이 달라져서 작물 맛도 달라지는데, 어떤 작물은 더 단맛이 나요.

겨울 추위를 견디지 못하는 작물은 비닐하우스 같은 실내로 옮겨서 기르기도 해요. 밖에는 눈이 쌓여도 비닐하우스 안에서는 상추, 루콜라, 시금치가 추운 겨울 내내 무성하게 자랍니다.

가을밀은 가을에 덮기 작물로 심는데, 이런 품종은 겨울 추위 뒤에 꽃이 피고 여름에 거둬들여요. 가을밀은 북미, 유럽, 아시아 일부에서 길러요.

겨울 작물

미국 남부와 서부는 겨울에도 온화하고 서리가 거의 내리지 않아요. 이곳 농부들은 겨울에도 농사를 지어요. 캘리포니아와 플로리다 농부들은 서늘한 날씨에도 잘 자라는 품종을 골라서 겨우내 작물을 재배해요.

저온 작물

겨우내 기후가 따뜻한 곳에서는 오렌지, 자몽, 레몬을 재배해요. 양배추, 콜리플라워, 브로콜리는 겨울철 서늘한 날씨에 무성하게 자라요. 아시아에서는 청경채, 겨울 배추, 중국 브로콜리를 심어요. 왜무 같은 뿌리채소와 시금치, 케일 같은 푸성귀도 잘 자라요. 감귤류 같은 과일도 재배해요.

감귤 품종

발렌시아 오렌지
이 오렌지의 원산지는 스페인 발렌시아가 아니에요. 남부 캘리포니아에서 만든 품종입니다.

탄젤로
과즙이 풍부하고 맛있는 이 열매는 탄제린이라는 작은 오렌지와 포멜로를 교배한 거예요.

카라카라
베네수엘라가 원산지이고 달콤한 오렌지예요. 과육이 분홍색이에요.

블러드 오렌지
지중해 지역에서 생산하는 이 오렌지는 과육이 짙은 붉은색이어서 샐러드를 만들 때 넣으면 색이 화려해져요. 시칠리아의 붉은 오렌지라고 하는데, 보호종이에요.

베르가모트 오렌지
초록색 껍질이 울퉁불퉁한 이 과일은 이탈리아 남부가 원산지이며 쓴 오렌지와 레몬을 교배한 잡종이에요. 껍질에서 뽑아낸 기름은 차 맛을 좋게 해요.

포멜로
아시아 포멜로는 자몽과 비슷한 맛이 나며 세계에서 가장 오래된 감귤 품종이에요.

도시 실내 농장

지금까지 알아보았듯이 전 세계 도시에는 옥상 농장과 정원 텃밭이 있지만, 실내 농장도 있어요. 바깥 거리에 눈보라가 몰아치는 겨울에도 실내 농장에서 수경 재배와 인공 조명으로 작물을 재배해요. 도시 농장처럼 우리 가까이에서 작물을 기르는 실내 도시 농장은 이동하는 데 드는 에너지를 아낄 수 있어요.

수직 농장

수직 농장에서는 크고 긴 쟁반 같은 판에 작물을 여러 줄 심어서 선반 위에 올려놓고 재배해요. 이런 농장은 야외 농장보다 수평 면적을 덜 차지해요. 영양분이 풍부한 물에 작물이 뿌리를 내려서 농부들은 돌투성이 땅이나 화학비료를 걱정하지 않아요. 해충도 걱정거리가 아니에요. 햇빛이 없다고요? 문제없습니다! 식물이 광합성 하는 데 필요한 빛을 LED 조명이 1년 내내 공급해요.

또 다른 농장 일

농부들은 폭설 때문에 쉬는 날에도 일을 멈출 수 없어요. 밖에서 눈보라가 휘몰아쳐도 농장 일을 해야 해요. 농장이 겨울철에는 여느 때보다 한가해 보일지 몰라도 할 일은 여전히 많아요. 울타리를 고치고 기계를 손질하고 가축을 돌봐야 하거든요. 저마다 할 일이 있습니다!

농장에서 살면

가족이 농장을 하면 어린이들도 일손을 보탭니다. 물론 겨울에도요. 보통 아침 먹기 전에 일어나서 물을 줘야 하는 가축이 있는지 살펴요. 달걀을 모으고 닭장을 청소해요. 먹이통에 사료를 퍼 담아서 염소와 새끼 양을 먹이고 다른 가축이 먹도록 건초 통도 채워요. 젖소를 씻기고 외양간도 치웁니다.

겨울철 가축 관리

겨울에는 신선한 풀이 모자라고 기온이 떨어지는 데다 눈까지 내려서 가축이 겨울을 잘 견디도록 특별히 관리해야 해요.

닭

따뜻한 마른 짚과 깨끗한 물이 있는 청결한 닭장과 영양이 풍부한 먹이가 있으면 겨울에도 무럭무럭 자랍니다.

오리

오리는 따뜻하고 폭신폭신한 솜털과 그 위를 덮은 매끄러운 깃털이 있어서 겨울에도 따뜻하게 지내요. 하지만 얼지 않은 깨끗하고 신선한 물과 사료와 푸성귀를 먹어야 해요.

소

사일리지와 건초 더미, 바람을 막아 주는 우리가 있으면 소들은 추운 겨울에도 따뜻하게 지낼 수 있어요. 사일리지는 수분이 남은 녹색식물을 잘게 썰어서 발효시키는데, 겨우내 두고 먹을 수 있어요. 가축, 특히 젖소에게 훌륭한 먹이입니다.

가지치기

어떤 일은 겨울에 하는 것이 가장 좋아요. 과일나무는 겨울에 성장을 멈추고 쉬기 때문에 가지치기를 하기에 아주 좋아요. 나뭇잎이 없으니 나무 모양도 잘 보여 일하기 수월합니다. 부러지거나 잔가지가 많은 가지를 쳐 주어서 이듬해 잘 자랄 수 있도록 준비하는 거예요. 겨울에 가지치기를 잘한 사과나무와 배나무는 나중에 더 굵은 과일이 열려요.

씨앗 선택

겨울에도 꾸준히 작물을 기르는 농부가 있는가 하면 이듬해 봄에 심을 씨앗을 고르며 겨울을 보내는 농부도 있어요. 오래된 품종을 보존하려는 농부들은 맛도 있고 추위를 잘 견디는 토종 씨앗을 선택해요.

실내에 씨앗 심기

씨앗을 고르면 대부분 기다렸다가 이듬해에 심지만, 실내에 심기도 해요. 양배추, 콜리플라워 같은 채소 씨앗은 누구나 실내에 심을 수 있어요.

1. 씨앗 상자나 화분, 씻어서 반으로 자른 우유갑처럼 깨끗한 용기를 준비해요.

2. 용기 바닥에 1/3쯤은 물이 잘 빠지는 마사토를 깔아요. 그리고 영양분도 풍부하고 공기가 잘 통하는 배양토를 알맞게 섞어 줘요.

3. 씨앗 봉지에 적힌 설명을 보고 용기 안에 씨앗을 심어요. 촘촘히 심지 말고 구멍 하나에 씨앗 한두 개만 심습니다.

4. 씨앗에 물을 가볍게 뿌려요.

5. 비닐 랩에 구멍을 내서 씌우거나 공기가 통하도록 구멍이 작게 뚫린 뚜껑을 덮어요.

6. 직사광선을 피해서 따뜻한 곳에 둡니다. 방열기처럼 따뜻한 곳이 있다면 가까이에 놓아요.

7. 싹이 트면 볕이 잘 드는 곳으로 용기를 옮겨서 날마다 몇 시간씩 햇빛을 받게 해요.

8. 나중에 모종을 더 큰 용기에 옮겨 심어요. 날이 따뜻해지면 바깥에 내놓습니다.

친환경 에너지

농부들은 농장을 친환경으로 운영하려고 노력합니다. 농부들은 농장에서 쓰는 전기도 환경에 이로운 방법으로 얻어요. 풍력이나 태양열 같은 에너지는 계속 쓸 수 있는 재생에너지예요. 이런 에너지를 쓰면 농장을 환경에 이롭게 꾸릴 수 있습니다!

온실을 난방해야 할까?

프랑스 유기농 농부들은 추운 달에도 온실에서 농작물을 기를지, 아니면 자연 계절을 존중해서 작물이 밖에서 자랄 수 있는 때에만 키울지 정해야 해요. 쉽지 않은 선택입니다. 1년 내내 유기농 작물을 원하는 사람이 갈수록 많아지고 있어요. 온실을 이용하지 않으면, 프랑스 소비자들은 스페인에서 배로 실어 오는 농산물에 의지해야 해요.

다행히 재생에너지가 해답이 될 수 있습니다! 세계 곳곳의 농장에서 태양광 전지를 놓고 풍력을 이용해요. 이렇게 생산한 전기로 농장에 전기와 열을 공급합니다. 아이슬란드에서는 지열, 그러니까 깊은 땅속 열을 이용해서 온실을 따뜻하게 해요. 이런 기술은 모두 깨끗한 친환경 에너지를 만들어요.

양어장

세계에는 온갖 다양한 농장이 있습니다. 양어장도 그중 하나예요!
물고기나 다른 수생동물을 식용으로 키우는 것을 수산양식이라고 해요.
민물이건 바닷물이건 수산양식장은 대부분 야외에 있어요.
하지만 작물 농사와 마찬가지로, 실내 양식장도 있습니다.

실내에서 물고기 키우기

실내 양어장은 사용한 물을 다시 활용해서 환경에 해를 끼치지 않는 지속가능한 방식이에요. 이렇게 물고기를 키우면 필요한 물도, 나오는 폐기물도 적어요. 자연에서 잡은 물고기 못지않게 영양도 풍부해요. 그리고 야생에서 발견되는 수은이나 살충제 같은 수질오염 물질도 걱정없어요. 지속가능한 수산양식은 세계인에게 식량을 공급하는 또 다른 방법이에요.

허드슨 계곡 강철머리송어

허드슨 계곡에서 몇 킬로미터 떨어지지 않은 뉴욕주에는 물고기를 양식하는 대형 창고 건물이 있어요. 미국 서부 해안에서 사는 강철머리송어를 이곳에서 기르고 있어요. 이 실내 양식장에서는 물을 순환시키는 기술로 수조에 물을 채우고 강철머리송어를 풀어놓습니다. 수조 물에는 그 어떤 오염 물질이나 약품도 없어요. 물고기 폐기물로 유기질 비료를 만들어서 작물을 기르는 데 써요. 다 자란 물고기는 싱싱할 때 지역 식당과 집으로 배달해요.

강철머리송어

겨울 음식 축제

우리는 농장에서 생산하는 신선한 먹거리에 1년 내내 의지해서 살아요. 겨울에도 마찬가지입니다. 겨울은 축제의 계절이에요. 구운 비트, 야생 쌀, 푸른 콜라드처럼 농장에서 키운 맛있는 음식을 즐기는 축제가 겨울에 많이 열려요. 봄 여름 가을 겨울 열심히 일한 농부들 덕분에 이런 축제가 전통으로 이어지고 있어요. 여러분도 명절이나 축제 때 특별한 음식을 먹나요?

축제 음식

모든 축제는 고유합니다. 축제마다 특유한 전통이 있고 먹는 음식도 달라요. 1년에 단 한 번 만들어 먹는 음식도 있습니다!

스웨덴

스웨덴 사람들은 12월 13일을 성 루시아의 날로 기념해요. 농장의 신선한 우유와 버터, 밀가루, 달걀, 커런트를 구워서 달콤한 사프란 맛이 나는 루세카테르라는 롤을 즐겨 먹어요.

필리핀

필리핀에서는 비빙카라고 하는 달콤한 떡을 먹으며 크리스마스를 축하해요. 코코넛 크림과 설탕, 쌀을 섞은 반죽을 나뭇잎에 싸서 항아리에 담아 구운 음식이에요.

네팔

빛의 축제인 디왈리는 힌두인들에게 중요한 축제예요. 사람들은 디왈리를 기념해 네팔에서 흔한 과일인 랩시를 설탕에 졸여서 먹어요.

우리가 할 수 있는 일 알아보기

우리는 농부들 덕분에 먹거리를 얻고 건강하게 지내요. 농부는 세상을 돌봅니다. 둘레에 있는 다양한 생명을 보호하고 우리가 풍족하게 살도록 식량을 대 줘요. 우리가 모두 농장에서 일할 수는 없지만, 건강을 지키고 지구를 보호하는 일은 할 수 있어요.

한몫하기

직접 할 수 있는 일은 많아요. 여기 몇 가지를 소개합니다.

지역 농부 알기

농산물 직거래 시장을 찾아가서 내가 먹는 식량을 기른 사람을 만나 봐요. 멀리서 온 식품이라면 수산물 원산지 표시에서 생선이 어디에서 왔는지 확인하고, 토마토 통조림에 붙은 상표에서 토마토를 기른 밭을 알아봐요.

지역에서 장보기

유기농 농산물을 직거래하는 운동에 참여하는 식당을 찾아가요. 지역에서 생산한 식자재를 쓰는 건 농부와 생산자를 지원하는 일이에요.

직접 재배하기

과일과 채소를 직접 길러 보면 어떨까요? 농장 캠프에 참가해서 환경을 생각하는 지속가능한 농법을 배울 수도 있어요.

음식은 먹을 만큼만

먹을 만큼만 장을 봐서 음식을 남기지 않아요. 그래도 남으면 잘 보관했다가 나중에 먹어요.

낸시 캐스탈도 글

우리가 사는 지구에 관한 책을 20년 넘게 썼고, 그걸로 많은 상을 받았어요. 어려서부터 자연에서 책 읽고 글 쓰는 것을 좋아했습니다. 과학을 공부했고 작가이면서 환경 교육자로 일해요. 자연과 환경에 대한 관심이 많으며 궁금한 것은 무엇이든 파고들어요. 스물네 권의 책을 썼고, 지금도 야생에서 탐험하는 것을 즐깁니다. www.nancycastaldo.com

지니 수 그림

일상과 자연 그리고 인간의 삶에서 영감을 받아 그림을 그립니다. 어린 시절 대만에서 할머니 할아버지와 함께 살았어요. 세상이 좀 더 좋아지는 데 영향을 줄 수 있기를 바라며 그림을 그려요.

김래경 옮김

좋은 책을 찾아 기획하고 번역하는 일을 하고 있어요. 《소년과 새와 관 짜는 노인》《소녀와 고양이와 항해사》 《상어 이빨 소녀》《북극곰의 기적》들을 우리말로 옮겼습니다.